AF210921

Buddhismus Handbuch für den Alltag

Der gelassene Weg zu mehr Achtsam-keit, Glück und Zufriedenheit - inkl. Zen Meditation und 10 Wochen Plan

Sherab Choje

INHALT

Das erwartet Sie in diesem Buch

Haben Sie manchmal auch das Bedürfnis, einfach aus Ihrem Alltag auszubrechen? Einfach einmal einen Gang herunterzuschalten? Sich einmal wieder frei fühlen ohne Verpflichtungen? Was würden Sie dazu sagen, wenn ich Ihnen da helfen kann? Denn jeder Mensch kann lernen, sich in Achtsamkeit und Meditation zu üben. So können auch Sie einmal einen Moment alle Sorgen vergessen und sich ganz auf sich selbst konzentrieren. Klingt das nicht zu gut, um wahr zu sein? Das große Geheimnis ist die Zen-Meditation.

Den ersten Schritt haben Sie bereits gemacht, als Sie dieses Buch zur Hand genommen haben. Den zweiten Schritt werden Sie unternehmen, wenn Sie es lesen, und den nächsten, wenn Sie anfangen, bewusst damit zu arbeiten.

Sie erfahren hier nicht nur wichtiges Hintergrundwissen über den Buddhismus, die Lehren des Siddhartha Gautama (Buddha), sondern erhalten auch hilfreiche Tipps zur Zen-Meditation und dazu, wie Sie Stück für Stück Ihr Sein selbstbestimmt gestalten können. Ich kann Ihnen eines versprechen, und zwar, dass Sie allein den Einfluss darauf haben, wieder Fülle und Leichtigkeit in Ihr Leben einzuladen und es somit zu bereichern. Mit dem im Buch integrierten 10-Wochen-Umsetzungsplan werde ich Sie an die Hand nehmen und wir werden den Weg gemeinsam bestreiten. Von nun an wird sich Ihr Leben verändern und dazu möchte ich bereits jetzt gratulieren. Worauf warten Sie noch? Just do it!

Der Buddhismus

V orab noch ein paar wichtige Grundlagen und Informationen, bevor Sie richtig durchstarten können. Denn mit Hintergrundwissen lässt sich vieles besser verinnerlichen und man kann sich viel eher damit identifizieren. Na ja, ist ja ganz klar, wenn ich weiß, warum ich das Ganze mache, dann fällt es leichter, dranzubleiben, und der „innere Schweinehund" hat keine Chance mehr. Also erst einmal zu den Anfängen ... Was ist eigentlich der Buddhismus und warum sind so viele Elemente daraus in der westlichen Gesellschaft angekommen?

Der Buddhismus ist eine der größten Weltreligionen. Doch anders als bei uns in den westlichen Regionen wird kein allmächtiger Gott verehrt. Vielmehr vermittelt der Buddhismus, dass jeder für sein Schicksal selbst verantwortlich ist. Daher ist es das Ziel, umfangreiche, philosophisch-logische Überlegungen in die Lebensführung zu integrieren. So ist zum Beispiel die Meditation ein grundlegendes Element des buddhistischen Glaubens. Ziel ist es, den Geist weiterzuentwickeln. Dies ist für jeden Menschen möglich, mit den Lehren des Buddhas.

Die Buddhisten berufen sich gemeinsam auf die Lehren des Siddhatha Gautama, welcher der Gründer dieser Religion war. Er wurde auch Buddha genannt, was so viel bedeutet wie der „Erleuchtete". Der Buddhismus stammt ursprünglich aus Indien und ist heute am meisten in Süd-, Südost- und Ostasien verbreitet. Seit dem 19. Jahrhundert findet er zunehmend in der westlichen Welt anklang.

SIDDHARTHA GAUTAMA

Siddhartha Gautama war ein Fürstensohn und wuchs behütet in einem Palast auf und dennoch war er unzufrieden. Mit 29 Jahren verließ er erstmals sein Zuhause und erblickte zum ersten Mal das Leid dieser Welt mit eigenen Augen. Dadurch hat er erkannt, dass das Leid nicht mit Schicksalsschlägen oder sozialen Ungerechtigkeiten einhergeht, sondern vielmehr, dass die wirklichen Ursachen des Leidens durch die Menschen selbst entstehen, durch deren Geist. So verließ er seine Frau und seinen Sohn, um einen Ausweg aus dem Leiden zu suchen. Siddhartha war davon überzeugt, dass Leid, Krankheit und Schmerz mit dem Leben verbunden sind, und er war sich sicher, dass dieser Kreislauf zu durchbrechen war. Nach mehreren Jahren der Askese und der Meditation fand er den „Mittleren Weg". Er hörte auf, sich selbst zu geißeln, und mied das Extreme.

Im Alter von 35 Jahren meditierte er unter einem Feigenbaum und „erwachte" (Bodhi). Ab diesem Moment war er Überbringer seiner Erkenntnisse und brachte diese unter das Volk. So gewann er viele Anhänger, die ihm den Namen Buddha gaben, der „Erwachte". Dies waren die Anfänge des Buddhismus. Doch erst nach Siddharthas Tod begann die buddhistische Zeitrechnung.

Es gibt unterschiedliche Arten des Buddhismus, unter anderem den tibetischen, dessen geistiges Oberhaupt der Dalai Lama ist. Ebenso ist der Mahayana-Buddhismus einer der traditionellsten, dieser wird auch als Zen-Buddhismus bezeichnet. Er ist eine in China entstandene buddhistische Richtung, die dort Chan genannt wird. Der Begriff stammt aus dem Sanskrit, „Dhyana", was so viel wie meditative Versenkung bedeutet. Daher erklärt es sich von selbst, dass hier die Meditation im Fokus steht. Die genaue Bezeichnung dieser Art nennt sich Zazen und soll dabei helfen, zu erwachen und den Kreislauf des Leidens zu durchbrechen.

„Achte auf deine Gedanken, denn sie werden Worte. Achte auf deine Worte, denn sie werden Handlungen. Achte auf deine Handlungen, denn sie werden Gewohnheiten. Achte auf deine Gewohnheiten, denn sie werden dein Charakter. Achte auf deinen Charakter, denn er wird dein Schicksal."

Buddha

Die Lehren des Buddhismus

„Wir sind, was wir denken. Alles, was wir sind, entsteht aus unseren Gedanken. Mit unseren Gedanken formen wir die Welt."
buddhistisches Zitat

DHARMA

Dharma ist die Lehre Buddhas, in der niedergeschrieben ist, wie Buddhisten sich verhalten sollen. Diese heilige Schrift wird auch Pali-Kanon oder Tripitaka genannt, was so viel heißt wie „Handlungen", „Regeln" oder „Sitten". Darin geht es hauptsächlich darum, unser menschliches leidhaftes Dasein zu überwinden und die Natur der Dinge besser zu verstehen. Wir sollen lernen, unseren Geist zu öffnen, bis hin zur Erleuchtung, was für jeden Menschen erreichbar ist, wenn er dem Pfad folgt und sich überwindet, das Leid loszulassen. Dies ist durch ein friedvolles Miteinander sowie durch Mitgefühl und Meditation gegeben. So kann man lernen, sich selbst als Teil des Universums zu empfinden, ohne eine Trennung zu anderem. Denn es ist alles miteinander verbunden.

KARMA

Karma ist das Gesetz von Ursache und Wirkung. Jede unserer Handlungen und Gedankengänge hat Folgen, die sich bis ins nächste Leben ziehen können. So viele Menschen wissen nicht einmal, was sie den ganzen Tag über denken oder sagen. Da wundert es nicht, dass diese Menschen meinen, das Leben sei ungerecht und sie könnten nichts dafür. Es kommt immer darauf an, mit welcher Intention man etwas tut. Daher ist es ratsam, sich morgens schon eine Intention für den Tag zu setzen und diese durchzuziehen, wie beispielsweise: „Ich bin voller Mitgefühl und Liebe für meine

Mitmenschen" oder „Ich bringe Gutes in die Welt."
Sie werden spüren, was für Sie im Moment wichtig ist. Möchten Sie jemandem helfen, der in Not ist, dann bringt das gutes Karma, wenn man nur hilft, damit man etwas dafür bekommt, dann ist es schlechtes Karma. Das Leben ist somit wie ein Punktekonto und jeder ist selbst dafür verantwortlich, wie es sich entwickelt. Es heißt, dass man bei schlechtem Karma arm, als Tier oder gar als Dämon wiedergeboren wird. Und sind wir einmal ehrlich: Prinzipiell möchte das doch niemand.

SAMSARA

Als Samsara wird der Kreislauf aus Geburt, Werden und Tod bezeichnet. Die Ursache dafür ist Karma. Aus diesem Kreislauf kann man nur ausbrechen, indem man die Erleuchtung erreicht, denn dann gibt es kein Karma mehr, keine Reinkarnation, und man begibt sich ins Nirwana, wo es weder Leben noch Tod gibt.

REINKARNATION

Reinkarnation heißt so viel wie Wiedergeburt. Durch das Karma wird laut buddhistischem Glauben beeinflusst, als was (Tier, Mensch oder anderes Wesen) man wiedergeboren wird.

DIE 4 EDLEN WAHRHEITEN

1. Edle Wahrheit: Das Leben ist das Leiden
Zu Leben bedeutet, zu leiden, von der Geburt bis hin zum Tod.

2. Edle Wahrheit: Die Ursachen des Leidens
Das Leiden entsteht durch das Denken und Handeln der Menschen, wie zum Beispiel durch Macht und Gier, ebenso durch Furcht. Auch die Unwissenheit über die Trennung von der inneren und der äußeren Welt führt zu Leid.

3. Edle Wahrheit: Die Aufhebung des Leidens
Das Ende des Leidens ist nur dann möglich, wenn wir aufhören, zu wünschen und zu begehren, und wenn wir verstehen, dass wir unabhängig von der Außenwelt existieren.

4. Edle Wahrheit: Der Weg zur Überwindung des Leidens

Damit ist der sogenannte „Mittlere Weg" gemeint, den Buddha selbst beschritten hat. Es bedeutet, aufzuhören, uns sämtliche Regeln aufzuerlegen, aber auch, nicht in der Genuss-Sucht zu enden, sondern den Weg dazwischen zu nehmen. Der „8-fache Pfad" dient dabei als Anleitung.

DHARMA-RAD

Das Dharma-Rad ist das Symbol der buddhistischen Lehre und beinhaltet dieselben Punkte wie der „8-fache Pfad". Zu diesen gehören das „rechte Sich-Versenken", das „rechte Handeln", die „rechte Gesinnung", der „rechte Lebenserwerb", das „rechte Streben", die „rechte Achtsamkeit", die „rechte Rede" und die „rechte Erkenntnis".

DER 8-FACHE PFAD

Hier erkläre ich Ihnen noch einmal kurz die einzelnen Punkte, die laut buddhistischen Regeln das Leid verhindern können.

Rechte Erkenntnis: Einsicht der „Edlen 4 Wahrheiten" und der Bedeutung von Karma

Rechte Gesinnung: sich dafür zu entscheiden, Mitgefühl und Hilfsbereitschaft zu leben und großzügig zu sein

Rechte Rede: Man verzichtet darauf, zu lügen, andere zu beleidigen oder sie auf eine andere Art schlechtzureden.

Rechtes Handeln: Man tötet keinen Menschen und kein Tier, man stiehlt nicht und man unterlässt sinnliche Ausschweifungen.

Rechter Lebenserwerb: Es ist untersagt, einen Beruf auszuüben, bei dem man anderen Lebewesen schadet, mit Waffen, Giften, Lebewesen, Fleisch oder Rauschmitteln zu handeln und Tiere zu züchten.

Rechtes Streben: Gedanken und Emotionen zu kontrollieren, indem man diese zwar wahrnimmt, aber auch wieder ziehen lässt, wie zum Beispiel Hass, Wut, Gier

<u>Rechte Achtsamkeit:</u> das Bewusstmachen der alltäglichen Dinge und Körperfunktionen, wie beispielsweise Essen, Atmen, Stehen, Gehen, ebenso wie Gedanken und Gefühle

<u>Rechtes Sich-Versenken:</u> mithilfe von Meditation den eigenen Geist freizumachen und zu beruhigen

WIE KANN ICH DIE „4 EDLEN WAHRHEITEN" IN MEINEM LEBEN INTEGRIEREN?

Das Leben ist das Leiden

Warum leiden wir Menschen so gerne und so viel? Wir haben so viele Dinge, über die wir uns den ganzen Tag lang beklagen. Alles ist so schwer und unerträglich für uns. Oft gehen wir davon aus, dass das Leben uns hasst und gegen uns arbeitet, etwa nach dem Motto: „Wenn das Leben so zu mir ist, dann lohnt es sich nicht, sich anzustrengen, denn ich werde ohnehin wieder scheitern. Warum passiert so etwas immer nur mir? Was habe ich falsch gemacht?" Auf der einen Seite erfahren wir tatsächlich Schmerz, zum Beispiel bei der Trennung des Partners oder dem Verlust eines geliebten Menschen, doch das sind nur kurzweilige Situationen, mit denen wir fertig werden könnten, wenn sich dann nicht unser Verstand einklinken würde. Denn unser Kopf schafft es tatsächlich, unser Leid zu verschlimmern. Wir reden uns ein, das Ganze hätte etwas mit uns zu tun und dass das Leben uns bestrafen möchte, und so bestrafen wir uns im Grunde selbst mit unserem Denken.

Wir sind dann gefangen in einem Rad unserer Gedanken, die stetig größer werden. Wir fangen an, uns selbst abzuwerten, zu verurteilen und uns somit zu bestrafen. Doch zu allem Übel malen wir uns schon weiteres Leid für die Zukunft aus. Das heißt: Wir haben die aktuelle Situation, die uns Schmerz zufügt, zusätzlich ziehen wir uns da mit hinein und vergrößern unser Leid, indem wir das Ganze hochpushen und es zu etwas Persönlichem machen. Als würde das noch nicht reichen, erschaffen wir in unserem Kopf weitere Szenarien, die unsere Zukunft schwarz aussehen lassen. Ab einem gewissen Punkt sind wir so gefangen in unserem Leid, dass wir nicht mehr fähig sind, unseren Alltag zu meistern. Spätestens hier wäre es Zeit, endlich damit aufzuhören und uns bewusst zu werden, dass wir uns in einer Abwärtsspirale befinden.

Hier einmal ein Beispiel, um dem ganzen die Theorie zu nehmen und verständlich zu machen, was ich meine: Nehmen wir einmal an, Sie und Ihr Partner streiten sich des Öfteren und irgendwann wird ihm das zu viel und er trennt sich von Ihnen. Dann haben wir das Problem, das Sie wahrscheinlich erst einmal aus der Bahn werfen wird, es wird wie ein Schlag ins Gesicht sein. Doch was macht Ihr Verstand? Er könnte Ihnen sagen: „Okay, so ist es jetzt. Mache ich einfach das Beste daraus und es geht weiter." Sie könnten hier an der Situation nichts ändern, dies wäre Ihnen in diesem Fall bewusst und Sie können Ihr Leben fortsetzen, ohne im Leid zu versinken. Mit Sicherheit werden Sie eine Zeit lang traurig sein und eventuell auch reflektieren, wie es dazu kam und was Sie persönlich für sich ändern können. Doch im Großen und Ganzen machen Sie kein großes Ding daraus, sondern Sie machen nach einiger Zeit weiter, ohne leiden zu müssen.

Doch meist erfahren wir solche Situation völlig anders. Ihr Verstand wird Ihnen etwas ganz anderes einreden, wie zum Beispiel, dass Sie das

Problem sind und dass, wenn Sie dies oder das an sich ändern, Ihr Partner zu Ihnen zurückkommen wird. Doch Ihr Kopf läuft dabei auf Hochtouren und wirft Ihnen vor: „Wäre ich nicht so hässlich, dann wäre er bei mir geblieben" oder „Wenn ich mich mehr um ihn gekümmert hätte, dann hätte er mich nie verlassen."

Doch das ist nur der Anfang des Gedankenkarussells. Sie kennen solche Ereignisse mit Sicherheit und wissen bereits, dass Ihr Verstand niemals Ruhe gibt, Sie mit Ihren Gedanken wachhält und nicht mehr schlafen lässt. Sie werden sich einreden, dies sei alles Ihre Schuld, und hätten Sie mehr an der Beziehung gearbeitet, dann wäre diese nicht zerbrochen. Sie fangen an, sich zu verschließen, werden die Kontakte zu anderen Menschen meiden, um sich nicht immer wieder erklären zu müssen. Bis Sie eines Tages feststellen, dass Sie allein zu Hause sitzen und sich sehr einsam fühlen werden. Nur um dann festzustellen, dass Sie noch trauriger sind, vielleicht weniger essen, kaum noch Sinn in Ihrem Leben sehen und mutmaßen, dass Sie immer nur leiden müssen. Wenn Sie an diesem Punkt sind, dann haben Sie den Schmerz verinnerlicht und werden stets Gründe suchen, um Ihre These des Leidens zu stützen. Das ist das, was Buddha meinte, als er davon sprach, die Menschen selbst seien die Ursache des Elends.

Somit machen unsere Gedanken den Schmerz noch viel größer, da wir uns Dinge ausmalen, die vielleicht niemals eintreten werden, aber die in unserer Vorstellung unsere Ängste vervielfachen. Wir denken, dass unsere Probleme von der Außenwelt erschaffen werden, doch im Grunde sind wir es selbst, die die Sorgen vergrößern und echten Schmerz hervorrufen. Natürlich können uns bestimmte Ereignisse kurzweilig aus der Bahn werfen, doch es geht darum, danach wieder auf den Zug des Lebens aufzuspringen, als nur im Karussell zu sitzen und sich im Kreis zu drehen.

Die Ursachen des Leidens

Veränderungen sind die Natur des Lebens, doch nicht immer können wir gut mit ihnen umgehen. Oft ist es doch so, dass wir sie nicht wahrhaben möchten oder das Gefühl haben, die Kontrolle zu verlieren – sei es durch plötzliche Ursachen, wie beispielsweise die Trennung des Partners, die nicht vorherzusehen war, oder durch den Verlust des Jobs und die daraus resultierenden Ängste. Wir Menschen sind darauf gepolt, Sicherheit und Kontrolle über unser Leben haben zu wollen. Sicher kennen Sie das auch. Sie möchten alles verstehen und selbst in der Hand haben, was wie geschieht, Dinge beeinflussen, und wir kommen oft nicht damit klar, wenn uns Entscheidungen von anderen abgenommen werden. Ertappen Sie sich auch oft dabei, dass Sie glauben, Ihr Leben wird von außen beeinflusst und Sie sind ihm ausgeliefert? Dann frage ich Sie: „Warum haben Sie so wenig Vertrauen in sich selbst? Warum meinen Sie, zu wissen, daran wäre nichts zu ändern?" Ich kann Ihnen sagen, wenn Sie für sich erst einmal verinnerlicht haben, zu was Sie wirklich fähig sind und wie Sie diese geistige Barriere durchbrechen können, dann sind Sie der Freiheit ein ganzes Stück näher gekommen.

Wir müssen lernen, dass die äußeren Umstände nicht unser Innenleben beeinflussen. Wir haben die Angewohnheit, gegen das Leben anzukämpfen, anstatt es mit all seinen Facetten zu lieben. Das Leben beschert uns Situationen, die uns an unsere Grenzen bringen, und konfrontiert uns oftmals immer wieder mit Ähnlichem, damit wir lernen dürfen, aus dem Kreislauf auszubrechen, unser Bewusstsein zu erweitern, einmal anders zu denken, als wir es gewohnt sind. Angst ist die Ursache eines jeden Problems. Sie ist der Kern aller Vorurteile und negativer Gefühle wie Hass, Wut, Eifersucht und Gier. Ohne Angst hätten wir ein völlig glückliches Leben. Daher ist das Loslassen so wichtig für uns und zeitgleich so schwer am Anfang. Wenn Ihnen jemand sagt, Sie sollen Ihre Gefühle und Gedanken einfach ziehen lassen, ist doch der erste Gedanke in Ihrem Kopf: „Wie verdammt soll ich loslassen, was mir schlaflose Nächte bereitet und mir den Tag versaut?

Wäre es so einfach, dann hätte ich das doch bereits getan. Ich leide doch nicht freiwillig." Halten Sie mich für verrückt, aber ich sage Ihnen, Sie tun es aus eigenem Willen und Sie machen die Probleme meist nur noch größer, bis sie so riesig geworden sind, dass Sie keinen Ausweg mehr sehen. Das ist erst einmal nichts Schlimmes und ich verurteile Sie nicht, denn das liegt einfach in unserer Natur. Wir neigen dazu, allem aus dem Weg zu gehen, was uns auf irgendeine Weise verletzen könnte. Wie sollte es auch sonst sein, wer möchte denn freiwillig mit seinen tiefsten Ängsten konfrontiert werden? Zuerst scheint ja das Vermeiden von bestimmten Situationen die Lösung unserer Probleme zu sein. Diese Dinge fangen klein an, daher werden sie oft auch gar nicht so wahrgenommen, doch können diese ein Ausmaß annehmen, welches uns fast schon lebensunfähig macht und uns in die absolute Machtlosigkeit rutschen lässt.

Was ich damit meine, sind Dinge wie die Trennung des Partners, wenn wir anfangen, bestimmte Orte zu meiden, da wir an diesen sehr glücklich waren, oder uns manche Lieder nicht mehr anhören, da sie uns an eine bessere Zeit erinnern. Wir fühlen uns dann zusätzlich traurig, da wir das Gefühl haben, diese freudvollen Momente für immer verloren zu haben. Unsere Freunde haben nach einiger Zeit keine Lust mehr, sich nur unserem einen Thema zu widmen, und wir fühlen uns von ihnen verraten, was uns noch unglücklicher werden lässt. Daher haben wir beschlossen, niemanden an uns heranzulassen, denn so können wir nicht mehr verletzt werden.

Nach und nach entfernen wir uns immer mehr von unseren sozialen Kontakten, bis wir uns vollkommen alleine auf dieser Welt fühlen. Doch dass unsere Entscheidungen dazu geführt haben, nehmen wir gar nicht wahr, sondern wir stellen fest, dass unsere Theorien wirklich sind. „Ich wusste doch, dass es an mir liegt, keiner möchte Zeit mit mir verbringen", „Ich bin ganz alleine, mir war klar, dass das passieren würde, denn wer sollte mich denn lieben wollen?" oder „Warum mache ich immer alles falsch?

Niemand mag mich und ich bin ganz alleine und werde es immer sein." – Na, kommen Ihnen diese Aussagen bekannt vor? Wir nennen das gerne Selbstschutz, doch im Grunde ist es nichts anderes als Vermeidung von Ursachen. Wenn wir niemanden mehr lieben, dann kann uns niemand mehr das Herz brechen und wir werden nicht verletzt. Doch was tun, wenn plötzlich ein Mensch in unser Leben tritt, der sich für uns interessiert? Vielleicht kennen Sie das selbst, Sie verlieben sich und stellen fest, dass diese Person Ihr Herz wieder höherschlagen lässt. Doch Ihr Kopf hat Ihnen gesagt, dass es gefährlich ist, sich wieder auf eine Beziehung einzulassen, denn Sie werden erneut verletzt werden und das wollten Sie doch nie mehr. Sie entwickeln mit der Zeit Gefühle für den anderen und möchten es tatsächlich probieren, doch Sie wissen auch, dass Sie nicht liebenswert sind ...

Wie umgehen Sie dieses Problem? Im Endeffekt kann es tatsächlich sein, dass Sie sich Ihre Gefühle einreden, um nicht mehr allein zu sein, evtl. auch, um sich besser zu fühlen, denn diese Person gibt Ihnen die Zuwendung, die Sie sich gewünscht haben. Und plötzlich haben Sie ein neues Problem erschaffen, Sie haben Angst, diese Person wieder zu verlieren, also tun Sie alles in Ihrer Macht Stehende, um dies zu verhindern. Sie fangen an, sich für den anderen Menschen zu verbiegen, machen alles, was diese Person von Ihnen erwartet, sind immer der gleichen Meinung und so weiter.

Dass Sie das einen Berg an Energie kostet, merken Sie gar nicht, denn Sie sind viel zu sehr damit beschäftigt, Ihre Fassade aufrechtzuerhalten. Und ehe Sie sich versehen, haben Sie eine Abhängigkeit erschaffen, aus Angst, erneut verlassen zu werden. Jetzt fragen Sie sich wahrscheinlich, wie Sie es denn besser machen könnten als bisher, denn es hat eine Zeit lang doch auch funktioniert. Stellen Sie sich die Frage, was Sie wirklich möchten, was wünschen Sie sich? Möchten Sie nicht viel lieber Ihre Ängste lösen, anstatt immer wieder neue zu erschaffen? Hier müssen Sie anfangen, loszulassen, Ihre negativen Gedanken ebenso wie Ihre Gefühle.

Doch wie geht das denn nun mit dem Loslassen, wenn es doch so hilfreich ist? Das Erste ist Ihre Bereitschaft, Ihre Denkweise ändern zu wollen. Wenn dieser Punkt nicht gegeben ist, dann ist hier bereits Ende und Sie können das Buch einfach wieder zuschlagen und sagen, dass Ihnen das nichts gebracht hat, Sie Geld zum Fenster hinausgeworfen haben und mir die Schuld geben, dass ich nicht fair zu Ihnen war. Oder aber Sie wollen wirklich etwas verändern, sind bereit, durchzuhalten, und werden am Ende mit Ihrer geistigen Freiheit sowie mit Frieden und Glückseligkeit belohnt. Ich finde, das wäre es schon einmal wert, es zu probieren, bei diesen rosigen Aussichten. Wollen Sie aus dem Schmerz ausbrechen? Wollen Sie dem Leid ein Ende setzen? Dann kann ich Ihnen sagen: „Ich bin stolz auf Sie! Sie zeigen wahre Stärke, indem Sie sich Ihren Ängsten stellen und in die Ungewissheit gehen. Ich glaube an Sie!"

Die Aufhebung des Leidens

Wenn Sie erst einmal verstanden haben, dass Sie Ihr Leben beeinflussen können, dann haben Sie schon sehr viel erreicht. Herzlichen Glückwunsch.

„Glück ist eine Entscheidung, nicht eine Erfahrung. Ihr könnt euch dazu entscheiden, ohne das, was ihr zu brauchen meintet, glücklich zu sein, und ihr werdet es sein. Das ist eines der wichtigsten Dinge, zu deren Verständnis ihr gelangen könnt."

Neale Donald Walsh (Gespräche mit Gott)

Die Grundvoraussetzung für wahren Frieden und Leichtigkeit ist der Entschluss, nicht mehr leiden zu wollen, die Bereitschaft, wahrhaftig etwas verändern zu wollen. Hauptsächlich geht es darum, den Alltag zu meistern und sich nicht mit allen möglichen Entscheidungen zu belasten. Sie können sich einfach nur die Frage stellen: „Möchte ich glücklich sein oder möchte ich unglücklich sein?" Wenn Sie diese wichtige Erkenntnis gewonnen haben, ist es sehr viel einfacher, in Ihrem Leben die Leichtigkeit wiederzuerlangen. Wir Menschen glauben sehr oft, dass andere für unser persönliches Glück verantwortlich sind, und scheitern dann, wenn wir feststellen, dass diese Vorgabe uns in die Enge treibt.

Doch es geht gar nicht darum, was von außen kommt, sondern vielmehr um unsere Einstellung und Bereitschaft. Natürlich können Sie die Schuld oder das Scheitern auf andere abladen, doch gewinnen können Sie so nicht. Wir haben unser Leben selbst in der Hand, Sie haben Ihr Leben selbst in der Hand und diese Erkenntnis kann Ihr Durchbruch sein. Wenn Sie sich jeden Tag bewusst dafür entscheiden, glücklich zu sein, dann kann Ihnen das niemand nehmen, außer Sie sich selbst.

Wir haben Ängste und Sorgen und anstatt diese wahrzunehmen und nach Lösungen zu suchen, machen wir diese mit unseren Gedanken noch größer – wenn wir beispielsweise Angst vor echter Nähe haben, niemanden an uns heranlassen möchten, aus Sorge, wieder verletzt zu werden. Was müssen Sie tun, um Ihren Kreislauf des Leidens zu durchbrechen? Ganz genau, Sie müssen es einmal probieren, jemandem näherzukommen, wieder echte Emotionen zu fühlen. Aus eigener Erfahrung weiß ich, dass das nicht unbedingt einfach ist, und gewiss werden Sie mehrmals über Ihren eigenen Schatten springen müssen, doch es wird sich für Sie lohnen. Fangen Sie mit kleinen Komplimenten an Ihren Gegenüber an, dann tasten Sie sich weiter vor und erzählen vielleicht etwas Persönliches. Sie werden feststellen, je öfter Sie es versuchen, umso besser wird es Ihnen gelingen.

Irgendwann sind Sie so weit und können mit dieser Person über Ihre Ängste sprechen und darüber, warum es dazu gekommen ist, und Sie werden feststellen, es wird Ihre neue Normalität. Fühlen Sie sich nicht erleichtert, dass Sie endlich aussprechen können, was Sie belastet? Allein, dass Sie es in Worte gefasst haben, lässt Sie freier fühlen, und als Sie festgestellt haben, dass Ihr Gegenüber selbst Ängste hat, die es sich getraut hat, anzusprechen, weil Sie den Mund zuerst aufgemacht haben, bringt dies Ihre Beziehung auf ein ganz anderes Level. Das Geheimnis ist: Wir haben Gefühle und diese möchten einfach nur gefühlt werden. Sind Sie traurig, dann weinen Sie, sind Sie wütend, dann schreien Sie, sind Sie ängstlich, dann baden Sie in Ihrer Angst. Nehmen Sie alles wahr und dann werden Sie feststellen, dass das Gefühl einfach verschwindet.

Wir müssen nur ein Bewusstsein dafür entwickeln und verstehen, dass wir Gefühle haben, wir diese aber nicht sind. Sie sind nicht die Angst, die Sie vielleicht gerade erleben. Sie sind in diesen Gedanken gefangen, sie werden sich verändern, wenn Sie wahrgenommen werden. Und wieder kann ich sagen, dass Meditieren Sie unterstützen kann, Freiheit zu erfahren.

Eine der effektivsten Methoden ist die Meditation, die Stille im Moment zu genießen. Wenn Sie sich einfach nur auf sich selbst konzentrieren, werden Sie den Energiefluss in Ihrem Inneren spüren. Sie nehmen nur noch Ihre Atemzüge wahr, es ist, als würde die Welt einen Augenblick stillstehen. Wenn Sie sich darauf einlassen können, dann sind Sie auf dem richtigen Weg, um Ihrem Leid ein Ende zu setzen. Wenn Sie das erste Mal diesen inneren Frieden spüren, dann werden Sie verstehen, was Freiheit bedeutet.

Doch wie ist das gemeint mit der Erleuchtung? Zugegebenermaßen klingt das anfangs ziemlich mystisch und wahrscheinlich haben Sie im ersten Moment gedacht: Es kann ja sein, dass irgendwelche Mönche dieses Ziel erreichen können, aber doch nicht ich. Ja, dieses Wort wird oft missverstanden und entweder ins Lächerliche gezogen (da es uns sehr unlogisch erscheint) oder schon im Vorfeld als unrealistisch betrachtet. Doch jeder Mensch ist dazu fähig, einen Bewusstseinszustand des inneren Friedens zu erreichen. Natürlich funktioniert das nicht von heute auf morgen, doch es ist möglich. Vielleicht stellen Sie beim Meditieren fest, dass nach einigen Versuchen die Stimme in Ihrem Kopf leiser wird, Emotionen Sie nicht mehr so stark belasten oder Sie diese sogar für einen Augenblick loslassen können. Das ist genau das, wovon ich spreche, das sind die ersten Anzeichen, dass Sie auf dem richtigen Weg sind.

Der Weg zur Überwindung des Leidens

Wir Menschen neigen dazu, in Extremen zu leben und unsere Energie unnötig zu verbrauchen. Daher ist es das Ziel des Buddhismus, ins Gleichgewicht zu kommen, sprich, „Den Mittleren Weg" zu finden und diesen zu beschreiten. Was heißt das jetzt genau für Ihr Leben? Kommen wir noch einmal auf das Beispiel mit dem Verlassenwerden und den daraus resultierenden Ängsten zurück.

Zuerst möchten Sie allein sein, verschließen sich vor anderen Menschen, ziehen sich zurück, bis Sie erkennen, dass das nicht das ist, was Sie sich wünschen. So haben wir das eine Extrem, die Einsamkeit. Um aus dieser Isolation wieder auszubrechen, suchen Sie vielleicht Bestätigung bei Ihrem Gegenüber, doch das reicht Ihnen irgendwann nicht mehr, Sie sind süchtig nach Aufmerksamkeit, haben wechselnde Partner, da immer etwas fehlt, suchen Sie den nächsten.

Das wäre das andere Extrem, süchtig nach Gesellschaft. Sie können und wollen unter keinen Umständen mehr allein sein oder sich einsam fühlen, daher rutschen Sie in das andere Extrem und sind immer unter Leuten, ständig unterwegs, brauchen immer jemanden um sich herum. Beide Varianten verbrauchen wahnsinnig viel Energie, weil Sie das jeweilige Extrem aufrechtzuerhalten versuchen. Was wäre, wenn Sie damit beginnen würden, sich einer Person emotional zu nähern? Und wenn Sie diese Beziehung dann aufbauen würden, indem Sie sich öffnen könnten? Was würde mit Ihrer Energie passieren? Sie würde wieder da fließen, wo sie gebraucht wird, und zwar bei Ihnen. Sie müssen jetzt nicht mehr versuchen, irgendein Leben aufrechtzuerhalten, welches Sie gar nicht führen möchten.

Sie können sich auf sich konzentrieren, auf das, was Sie eigentlich möchten. Sie haben Ihr Gleichgewicht gefunden, Ihren „Mittleren Weg". Und so ist das in allen Lebensbereichen möglich. Dadurch lenken Sie die Energie geradeaus, anstatt Sie von einem Extrem (rechts) zum anderen Extrem (links) zu jagen, ständig hin und her. Jetzt fließt sie effizient geradeaus und Sie fühlen sich viel erfrischter, da Ihr Fokus klar ist. Natürlich wird es nicht immer einfach sein, diesen Weg aufrechtzuerhalten, und leichte Schwankungen werden stets möglich sein, doch das ist okay.

Denn es gilt, wenn wir als Beispiel ein Pendel nehmen, dieses nicht ganz zur einen Seite und dann wieder ganz auf die andere Seite zu bewegen, sondern es ziemlich in der Mitte zu halten. Somit haben wir auch keine unnötigen Gedanken und Gefühle mehr, die Sie ständig als Ballast mit sich herumtragen, denn Sie haben sich auf das Wesentliche fokussiert. Sie haben gelernt, wie Sie Ihr Gleichgewicht schneller wiederfinden, da Sie nun wissen, mit Ihren Gedanken und Emotionen umzugehen. Sie können bewusst im Moment sein, ohne sich ablenken zu lassen. Sie stellen fest, dass das Leben so viel einfacher geworden ist, Sie gelassener sind und in Ihrem Kopf einfach auch einmal Stille herrscht, was sich sehr erfrischend anfühlt.

Was ist Zen?

„Den Weg zu studieren heißt,
sich selbst zu studieren.
Sich selbst zu studieren heißt,
sich selbst zu vergessen.
Sich selbst zu vergessen heißt,
eins zu werden mit allen Existenzen"
Meister Dōgen Zenji, 1200-1253

Zen gehört der Mayahana-Tradition an und das Wort „Dhyana" aus dem Sanskrit bedeutet so viel wie „meditative Versenkung". Damit ist gemeint, dass es bei der Meditation darum geht, in Stille zu sitzen, nicht zu denken und einfach im Moment zu sein. Es geht bei der Meditation darum, den Geist zu öffnen, alle Ängste und Sorgen abzuwerfen, bis hin zur Erleuchtung.

Doch was einem niemand sagt: Man muss erst einmal alles andere abwerfen, was einen belastet, also sozusagen muss erst einmal alles an die Oberfläche kommen, was einen beschwert, sprich, man muss einmal durch die „innere Dunkelheit". Das klingt jetzt nicht gerade lukrativ, ich weiß. Durch die Zen-Meditation können Sie lernen, Ihren Geist zu beruhigen, die aufkommenden Empfindungen im Körper zu beobachten, woher diese kommen und was sie Ihnen mitteilen möchten. Dann können Sie sie wieder loslassen. Das war Buddhas Weg zur Erleuchtung.

Es geht darum, anzuerkennen, was ist, ohne dagegen anzukämpfen, Ereignisse hinzunehmen, ohne sie verändern zu wollen. Unsere Willenskraft ist dabei entscheidend. Möchte ich ein Leben führen, das meinen Wünschen entspricht, oder möchte ich krampfhaft versuchen, etwas zu verändern, was nicht möglich ist? Dadurch führen wir einen dauerhaften Kampf mit uns und dem Leben selbst. Wenn allerdings etwas geschieht, was wir nicht wollen, dann leisten wir Widerstand. Wir verhindern nicht das Ereignis, doch wir weigern uns, anzuerkennen, was passiert, und blockieren somit unsere Denkweise. Das heißt im

Klartext: Wir wollen nicht, dass es auf uns ein-
wirkt und uns eventuell beeinflusst. Daher sagt
man auch oft: „Das Leben ist so, wie wir sind." Das
heißt, wir sehen das Leben so, wie unsere Realität
ist. Zwei unterschiedliche Menschen beispielsweise machen eine identische Erfahrung, doch jeder geht anders damit um.

Die eine Person beispielsweise erkennt an,
was geschehen ist, weiß, dass sie daran nichts ändern kann, und hakt es ab. Die zweite Person rea-
giert so heftig darauf und versucht alles Erdenkli-
che, um die Situation nicht zu ihrer Wahrheit zu
machen, das Ereignis zu vergessen, oder ihr Kopf
ist so stark am Arbeiten, dass er ihr immer wieder
die gleichen negativen Gedanken vor Augen
führt. Verstehen Sie, was ich meine? Es liegt in unserer Macht, wie wir mit Erfahrungen umgehen
und was wir daraus machen. Die Bereitschaft und
die Willensstärke sind dabei ausschlaggebend.
Wir lenken unsere Energie selbst. Wenn wir unsere Kraft damit verschwenden, uns Sorgen zu
machen, oder sich unsere Gedanken immer wieder um die gleichen Probleme drehen, dann fühlen
wir uns ausgebrannt.

> *„Niemand rettet uns, außer wir selbst.*
> *Niemand kann das und niemand darf das.*
> *Wir müssen selbst den Weg gehen."*
> Buddha

Anders ist es, wenn wir anerkennen, was ist, und dem Fluss des Lebens Folge leisten. Dann erst sind wir ausgeglichen und hadern nicht mit unseren Ressourcen. Damit möchte ich nicht sagen, dass Sie sich nicht mit Ihren Erfahrungen auseinandersetzen und alles hinnehmen sollen. Doch Sie erkennen an, die Situation ist geschehen, ich kann nichts mehr daran ändern und somit ist es kein Problem. Natürlich muss Ihnen nicht alles gefallen, was sich ereignet, doch es verfolgt Sie nicht. Wenn Sie das schaffen, dann können Sie Zufriedenheit, Leichtigkeit und Frieden, vor allem in Ihnen, ganz deutlich spüren. Dann haben Sie es geschafft, Ihr Bewusstsein zu erweitern und zu Klarheit zu gelangen.

WAS KANN ICH TUN, UM DIE MEDITATION RICHTIG ZU NUTZEN? WIE LÖSE ICH MEINE ÄNGSTE AUF?

• Bewusst werden

Kennen Sie das, Sie werden immer wieder mit den gleichen Szenarien konfrontiert, welche Sie fordern und Sie aus dem Gleichgewicht bringen? Das liegt daran, dass Ihr Körper Sie auf etwas aufmerksam machen möchte, Sie sozusagen aus der Reserve locken will. Die Frage ist nur, wie Sie darauf reagieren. Versuchen Sie, es zu ignorieren, oder nehmen Sie wirklich wahr, was ist? Immer, wenn Sie von etwas emotional getroffen werden, sich traurig oder verletzt fühlen, dann steckt da vermutlich mehr dahinter als nur das Ereignis im Allgemeinen. Sie haben vor irgendetwas Angst, dessen sind Sie sich jetzt schon einmal bewusst.

• Unterbewusstsein

Wenn Sie beispielsweise Angst davor haben, verlassen zu werden, dann ist das in der aktuellen Situation wahrscheinlich ein „Triggerpunkt". Hatten Sie vielleicht Streit mit Ihrem Partner? Oder wollte er etwas ohne Sie unternehmen? Und Sie haben vielleicht Angst davor, dass Sie nicht genug für ihn sind oder gar langweilig? Dann kommt jetzt der Teil, bei dem Sie tiefer blicken dürfen.

Denn hinter jeder Angst liegt eine Grund-Angst verborgen, etwas, was der Auslöser für alle anderen Ängste in Ihnen ist. Wir Menschen sind so gepolt, dass wir Erfahrungen, die wir machen mussten, so weit verdrängen können, dass wir meinen, da wäre nie etwas gewesen. Doch ich kann Ihnen versichern, alles findet seinen Weg nach oben und möchte früher oder später gefühlt werden. Und meistens ist es dann so, dass es uns den Boden unter den Füßen wegreißt, da es so unangekündigt und plötzlich passiert. Jetzt kommt der schwere Teil. Sie dürfen tiefer blicken und den Kern Ihrer Angst erkennen. Wurden Sie in Ihrer Kindheit von einem Elternteil verlassen? Oder ist damals Ihre beste Freundin oder Ihr bester Freund weggezogen und Sie gaben sich die Schuld dafür? Was auch immer es ist, lassen Sie es nach oben kommen, lassen Sie zu, dass Sie es fühlen. Und jetzt ...

• Lassen Sie den Schmerz zu

Haben Sie den Mut, die Angst zu spüren und wahrzunehmen. Dies ist ein wichtiger Schritt in Richtung Heilung. Lassen Sie es zu, den Schmerz zu fühlen, auch wenn dadurch die Angst womöglich erst einmal größer wird. Versuchen Sie nicht, es wegzuschieben, gehen Sie durch das Leid, mit all seinen Emotionen. Wenn Sie weinen müssen, dann tun Sie das, wenn Sie schreien müssen, tun Sie es. Wichtig ist, dass Sie fühlen, was immer da hochkommen mag, und auch wenn es sehr schmerzhaft ist, gehen Sie weiter.

• Dankbarkeit

Üben Sie sich in Dankbarkeit, dafür, dass Sie jetzt den Kern Ihrer Angst erfahren durften. Denn jetzt, und nur ab diesem Punkt, können Sie Ihre Angst heilen. Spüren Sie die Dankbarkeit in Ihnen. Seien Sie sich dankbar dafür, dass Sie diesen Schmerz gefühlt haben, dass Sie sich auf den Weg der Heilung gemacht haben. Danken Sie Ihrem Körper, weil er Ihnen bewusst gemacht hat, was Ihr Leid ausgelöst hat.

• Heilen Sie den Schmerz

Nun gilt es, Ihre negativen Glaubenssätze zu verändern, damit Heilung entstehen kann. Was war der Ursprung Ihrer Angst? War es das Verlassenwerden? Dann fühlen Sie sich in diese Situation zurück. Wie ging es Ihnen dabei? Was haben Sie gefühlt? Was haben Sie danach für Ihr weiteres Leben beschlossen? War es vielleicht, dass Sie niemanden mehr nahe genug an sich heranlassen wollten? Oder aber Sie haben beschlossen, nie mehr zuzulassen, dass Sie jemand verlässt. Was auch immer es ist, führen Sie es sich ins Gedächtnis und fragen Sie sich, warum Sie sich das eingeredet haben. Was haben Sie für einen Nutzen davon? Werden Sie sich darüber im Klaren und dann können Sie sich fragen: „Was möchte ich wirklich? Möchte ich glücklich sein oder möchte ich an meinen Ängsten festhalten und mein Leben selbst begrenzen?" Atmen Sie dreimal tief ein und wieder aus und fangen Sie an, Ihr Leid loszulassen und Platz für Heilung zu schaffen.

Zen-Schüler versuchen, zu verstehen, dass das individuelle Ich nur Illusion ist. Im Endeffekt ist alles miteinander verbunden. Ziel ist es, durch Meditation den Zugang zur Fülle des Lebens und zur

Verbindung der inneren und äußeren Welt zu erschaffen. Dies mag sich anfangs sehr unrealistisch anhören und vielleicht sagt die kleine Stimme in Ihrem Kopf: „Das ist doch gar nicht machbar." Doch versuchen Sie, sich von diesem Gedanken zu lösen, probieren Sie es einfach aus, überwinden Sie Ihre alten Denkgewohnheiten, versuchen Sie etwas Neues und Sie werden überrascht sein, wozu wir Menschen fähig sind, ohne es zu wissen.

Kennen Sie das? Der Kopf hört nicht auf, zu denken, und die Stimmen nehmen kein Ende. Selbst bei alltäglichen Dingen gibt er keine Ruhe, wie beispielsweise beim Putzen. Sie sind gerade am Arbeiten und da geht es auch schon los: „Habe ich das jetzt schon gemacht? Oh, da hinten in der Ecke müsste ich auch noch einmal hin? Und war nicht heute auch noch ein Termin? Habe ich eigentlich die Waschmaschine schon eingeschaltet?" Wenn Sie jetzt glauben, nein, bei mir ist das nicht so, dann spricht genau da diese Stimme zu Ihnen, die ich gerade meine. Wenn wir diesem Monolog in unserem Kopf nicht Einhalt gebieten, dann wird es nicht einfach von selbst aufhören, dafür mag die Stimme es zu gerne, sich einzumischen. Die beste Methode, um das Gerede zu unterbinden, ist, einfach nicht darauf zu hören, nur wahrzunehmen. Warum meint unser Verstand dann, dass er uns alles mitteilen muss? Ganz einfach, er versucht, uns damit vermeintlich Kontrolle anzubieten und dadurch Sicherheit. Denn sind wir einmal ehrlich, wenn unser Kopf ruhig ist, dann wissen wir nicht, womit wir uns beschäftigen sollen. Wenn wir diese Stimme allerdings richtig nutzen, werden wir uns besser kennenlernen. Dann wird sie uns nichts mehr davon erzählen, was uns Angst macht oder uns verstört, sondern vielmehr wird sie zum Beginn für das wahre Erwachen.

Bei der Zen-Meditation geht es hauptsächlich darum, das wahrzunehmen, was in unserem Geist vorgeht. Es gibt zwei Formen der Zen-Meditation, Zazen (meditatives Sitzen) und Kinhin (meditatives Gehen). Beide Formen sind miteinander verbunden, doch die Einstiegsvariante ist das Zazen, daher werde ich darauf meinen Fokus legen.

Traditionell wird die „Sitzmeditation" in der Natur praktiziert. Für den Anfang eignet sich Ihr Zuhause ein wenig besser, da weniger Außengeräusche vorhanden sind. Wenn bereits Übung im Meditieren besteht, dann kann gerne auch im

Freien Zazen ausgeübt werden. Wichtig ist es, in die eigene Stille zu gehen, und wie man das macht, kann nur jeder Einzelne für sich entscheiden.

Anfangs kann die Sitzhaltung sehr unbequem wirken oder sich ungewohnt anfühlen. Daher gilt erst einmal die Devise, anzunehmen, was ist, sich reinzufühlen und dann gegebenenfalls die Position beim nächsten Mal abzuwandeln. Die verschiedenen Optionen sind weiter hinten im Buch beschrieben. Zu Beginn sind 5-10 Minuten anzuraten, denn lieber kontinuierlich täglich diese Zeit üben, anstatt einmal in der Woche 30 Minuten. Es soll eine Art Regelmäßigkeit eingespielt werden, ohne Sie unter Druck zu setzen.

Doch Zen ist nicht nur Meditation im Allgemeinen, sondern vielmehr, die Stille im Alltag zu finden und zur Ruhe zu kommen. Daher ist es sinnvoll, auch Achtsamkeit zu praktizieren und diese im täglichen Leben anzuwenden. Doch dazu erfahren Sie später mehr.

Was ist eine Meditation?

Wer kennt es nicht, dass das Leben manchmal einfach mit stressigen Zeiten gefüllt ist? Da ist die Arbeit, die einen vielleicht unter Druck setzt. Dann kommt man genervt nach Hause und dann wollen die Kinder noch unbedingt über ihren Tag berichten, ausgerechnet jetzt, wo man sich auf etwas Ruhe gefreut hatte. Dann ist da auch noch der Wäscheberg, der überquillt, und die Küche müsste auch einmal wieder geputzt werden. Der Partner beschwert sich, weil er sich nicht um alles kümmern kann, und erwartet auch noch von einem, dass man mithilft. Als wäre der Tag nicht schon anstrengend genug gewesen. Was ist mit mir? Wann komme ich? Wie kann ich aus diesem Kreislauf ausbrechen?

Stellen Sie sich einmal folgende Fragen: Wann habe ich mich zuletzt um mich und meine Bedürfnisse gekümmert? Wann habe ich einmal nur etwas für mich getan? Lassen Sie mich raten, das ist schon einige Zeit her. Doch heute können Sie Ihr Leben selbst in die Hand nehmen und etwas verändern! Heute ist genau der richtige Tag.

Das Zauberwort heißt Meditation. Einfach nur einmal sein. Einen Moment der Stille genießen, bei einem selbst ankommen und den inneren Frieden fühlen.

Anfangs kann es dauern, sich zu entspannen. Doch ich bin mir sicher, mit etwas Geduld und regelmäßiger Übung können auch Sie in tiefe Entspannung kommen.

Beim Meditieren geht es darum, den Blick nach innen zu richten, bei sich anzukommen und innezuhalten. Durch das Meditieren können Sie Stress abbauen, Blutdruck senken und Ihr Bewusstsein verändern.

Es gibt viele Arten der Meditation, wie zum Beispiel Ruhe- und Gehmeditation, Tantra, bestimmte Kampfsportarten, Qi-Gong und ebenso Yoga.

5 GRÜNDE, WARUM MEDITATION HEILT

1. Sie hilft dabei, Gedanken und Emotionen loszulassen, den Geist zu befreien und das Bewusstsein ins Hier und Jetzt zu lenken.

2. Durch die vertiefte Atmung kann sie die körperliche Gesundheit verbessern, Blutdruck senken und Stress abbauen.

3. Positive Gedanken, wie Dankbarkeit, Mitgefühl und Liebe, werden gestärkt und helfen uns dabei, Beziehungen zu anderen Menschen zu kräftigen.

4. Sie kann innere Blockaden lösen und unser Bewusstsein verändern.

5. Sie hilft uns dabei, dass wir zu unserem inneren Selbst zurückfinden, unsere Spiritualität stärken und uns wieder mit dem Leben verbunden fühlen.

„Bei der Meditation geht es nicht um den Versuch, irgendwo hinzugelangen. Es geht darum, dass wir

uns selbst erlauben, genau dort zu sein, wo wir sind, und genau so zu sein, wie wir sind, und auch das der Welt zu erlauben, genau so zu sein, wie sie in diesem Moment ist."

Jon Kobat-Zinn

Die
Zen-Meditation

In diesem Buch werden wir uns mit der Zen-Meditation beschäftigen. Diese wird auch als Zazen bezeichnet und stammt aus dem Buddhismus. In Japan bedeutet dieser Begriff so viel wie „Sitzmeditation". Das ist die Art Meditation, die wir uns am besten vorstellen können bzw. die wir vor Augen haben, wenn wir daran denken. Von außen betrachtet macht es den Anschein, als würde man nur da sitzen und die Augen geschlossen halten.

Beim Zazen geht es darum, zu lernen, den jetzigen Moment so anzunehmen, wie er ist, ohne sich durch äußere Faktoren (wie z. B. Geräusche, Gerüche, Kälte, Wärme) ablenken zu lassen. Auch werden Gedanken und Gefühle nur wahrgenommen und dürfen dann ganz einfach weiterziehen. Alles darf sein, allerdings wird nichts verurteilt, bewertet oder verändert. Bei der Zen-Meditation stehen die Körperhaltung und die Atmung im Vordergrund. Dadurch soll der Geist beruhigt werden und wir finden echte Stabilität.

Als Einsteiger kann es Ihnen erst einmal als Herausforderung erscheinen, überhaupt zur Ruhe zu kommen und die Gedanken und Emotionen ziehen zu lassen, ohne diese zu bewerten. Doch mit etwas Übung wird es Ihnen immer leichter fallen, zu entspannen.

Hier zu Beginn einmal einige Grundlagen:
Die Atmung
Die Atmung ist ein wichtiger Faktor bei der Zen-Meditation. Die korrekte Atmung hängt auch mit der Körperhaltung zusammen. Man sollte am besten durch die Nase ein- und ausatmen. Falls dies nicht möglich sein sollte, wegen einer verstopften

Nase oder einer Erkältung, kann man natürlich auch über den Mund atmen. Es sollte sich ein natürlicher Rhythmus einstellen und dieser sollte ähnlich wie beim Schlafen beibehalten werden. Generell sind lange und tiefe Atemzüge ratsam. Am besten zählt man im Kopf beim Ausatmen von 1 bis 10. Beim Einatmen wird nicht gezählt. Einatmen – ausatmen (1), einatmen – ausatmen (2), einatmen – ausatmen (3), und so weiter. Dies machen wir, bis wir bei 10 angekommen sind. Sollten Sie sich einmal verzählen oder nicht mehr wissen, bei welcher Zahl Sie sind, dann beginnen Sie einfach wieder bei 1.

Die Körperhaltung

Die Körperhaltung sollte möglichst aufrecht und gerade sein. Hierzu das Kinn leicht in Richtung Brust ziehen, um die Haltung zu unterstützen. Der Rücken ist gerade und aufgerichtet, so, als würde jemand an Ihrem Scheitel einen Faden befestigen und diesen nach oben bewegen, um Sie aufzurichten. Der Kopf bleibt stabil in der Mitte als Verlängerung des Rückens und sollte nicht hin und her wippen. Es empfiehlt sich, auch einige Hilfsmittel zu benutzen, ggf. ein Meditationskissen, eine Meditationsbank, eine Decke oder einen Stuhl.

Warum ist es nötig, so unbequem zu sitzen? Das ist wahrscheinlich eine Frage, die Sie sich auch schon gestellt haben. Denn es klingt nicht wirklich so, als wäre das komfortabel. Doch stellen Sie sich einmal vor, Sie sitzen auf dem Sofa, sind angelehnt und haben vielleicht sogar noch die Füße auf dem Tisch. Könnten Sie so acht Stunden und länger verharren? Ich würde behaupten, nein. Im ersten Moment fühlt sich das sehr relaxt an, doch für eine längere Zeit wird auch diese Position ungemütlich und die Beine schlafen ein oder der Po tut weh und man verändert die Stellung unbewusst, selbst, wenn es nur minimal ist. Tatsächlich ist der Lotussitz, oder eine andere aufgeführte Sitzhaltung, dafür ausgelegt, darin über mehrere Stunden zu verharren. Geübte Zen-Schüler schaffen es sogar 12 Stunden und länger, so zu sitzen. Es ist einfach die Gewohnheit, die uns sagt: „Nein, das schaffe ich nicht, das ist viel zu unbequem." Daher gilt es, aus diesem Kreislauf auszubrechen. Ich bin mir sicher, mit etwas Üben schaffen Sie das auch, von Woche zu Woche ein wenig länger und es wird zu Ihrer neuen Gewohnheit und Sie fragen sich: „Warum dachte ich, das wäre nicht möglich?" Oft begrenzen wir uns selbst, ohne es zu merken. Daher gilt es, aus der Komfortzone auszubrechen und andere, bessere Gewohnheiten zu etablieren.

Wenn eine aufrechte und bequeme Sitzposition eingenommen wurde, legen Sie die Hände in Ihren Schoß, die linke Hand auf Ihre rechte, die Handflächen (Innenseiten) zeigen nach oben. Die Fingerspitzen des Daumens berühren sich leicht, sodass sie eine Linie bilden. Die Handgelenke legen Sie auf den Oberschenkeln ab. Die Hände dürfen leicht den Bauch berühren.

Die Augen sind bei der Zen-Meditation geöffnet und der Blick senkt sich leicht in Richtung Boden. Dabei sind die Augen halb geöffnet. Um den Fokus beizubehalten, können Sie auch versuchen, sich vor eine Wand zu setzen, damit die Augen weniger Spielraum zum Wandern haben. Geschlossene Augen bieten die Gelegenheit, müde zu werden, oder verleiten sogar zum Einschlafen und sollten daher vermieden werden.

Der Mund wiederum bleibt geschlossen. Die Zunge liegt leicht an den Zähnen an, um nicht allzu viel Speichel zu bilden.

Der Geisteszustand

Wichtig hierbei ist es, stets konzentriert bei der Sache zu bleiben, d. h., man sollte auf seine Körperhaltung und Atmung achten. Es wird nicht sofort gelingen, alle Gedanken und Gefühle vorbeiziehen zu lassen, doch mit ein wenig Übung wird es sicher gelingen. Am besten funktioniert es, wenn man sich auf die Atmung konzentriert, denn dadurch ist der Kopf beschäftigt und verweilt nicht bei den Gedanken. Mit der Zeit wird der Kopf entspannter und es gelingt von Mal zu Mal besser.

Vorbereitung

> *„Unsere Ausatmung ist die des ganzen*
> *Universums. Unsere Einatmung ist die des ganzen*
> *Universums. In jedem Augenblick verwirklichen*
> *wir auf diese Weise das große unbegrenzte Werk.*
> *Diesen Geist haben, heißt, alles Unglück zu*
> *beenden und das absolute Glück hervorzubringen."*
> Kodo Sawaki, 1880-1965

Jetzt haben wir schon so viel zum theoretischen Teil gelesen. Nun werden wir dieses Wissen endlich in die Tat umsetzen.

Vorbereitung

Hier sollten einige Aspekte berücksichtigt werden:

• Achten Sie darauf, während der Meditation ungestört zu sein. Ziehen Sie sich in ein Zimmer zurück und informieren Sie eventuell Familienmitglieder oder Mitbewohner.

• Wählen Sie eine Sitzhaltung, die für Sie bequem erscheint (siehe Infofeld).

• Die Dauer der Meditation richtet sich nach den persönlichen Voraussetzungen. Als Anfänger ist es ratsam, mit 5 bis 10 Minuten einzusteigen. Fortgeschrittene können ohne Probleme 30 bis 40 Minuten meditieren.

• Gerne kann ein Timer gestellt werden. Um sanft aus der Meditation geholt zu werden, empfiehlt es sich, ein möglichst beruhigendes Geräusch zu wählen. Ein schriller Weckton ist nicht ratsam, da Sie sonst abrupt aus der Stille gerissen werden und der Effekt dadurch geringer ausfällt.

Der Meditationssitz

Halber Lotus → hier liegt ein Fuß auf dem jeweils anderen Oberschenkel

Lotussitz →beide Füße jeweils auf dem jeweiligen anderen Oberschenkel

Schneidersitz → Beine überkreuzen

Meditationskissen → auf dem Kissen, in der Lotushaltung (dadurch wird die Hüfte angehoben und die Knie werden Richtung Boden gezwungen, stabilere Haltung, Bequemlichkeit)

Meditationsbank → hier wird im Knien meditiert, durch die Bank wird verhindert, dass die Füße taub werden, da sie unter der Sitzfläche des Bänkchens liegen

Stuhl → der Rücken sollte aufrecht sein und nicht angelehnt werden, an der Kante sitzen

TIPPS FÜR ANFÄNGER

Gerade Meditationsanfängern fällt es oft schwer, sich auf die Meditation einzustimmen, daher können einige Tipps nützlich sein:

Wählen Sie den richtigen Ort. Ziehen Sie sich in Ihren Lieblingsraum zurück und machen Sie es sich gemütlich. Verwenden Sie stimmungsvolles Licht, kein grelles oder zu dunkles. Eventuell möchten Sie sich eine Kerze anzünden, um sich einzustimmen.

Tragen Sie bequeme Kleidung. Dies hilft, sich besser zu entspannen, ohne dass etwas zwickt oder kneift.

Nutzen Sie Ihre Atmung. Wie bereits erwähnt, bietet die Konzentration auf die Atmung eine

Beschäftigung für den Kopf und kann somit hilfreich sein, tiefer in die Entspannung zu kommen.

Nehmen Sie Ihre Hände zu Hilfe. Sie können auch gerne beide Daumen aneinanderdrücken, um nicht abzuschweifen.

Durchhalten. Das ist ein nicht ganz so leichter Punkt, denn wenn die Beine einschlafen oder die Nase juckt, wird man schnell herausgerissen. Versuchen Sie, es hinzunehmen und den Fokus auf die Atmung zu lenken. Mit etwas Geduld und Übung wird es Ihnen gelingen.

Sanft zum Ende finden. Lassen Sie sich sanft, durch einen Timer, aus der Meditation holen. Richten Sie sich langsam und ruhig auf.

Praxisteil

ANLEITUNG FÜR ZUHAUSE (ZAZEN)

Nehmen Sie eine bequeme, aufrechte Haltung ein.

Richten Sie Ihre Augen auf den Boden vor Ihnen, sodass sie leicht geschlossen sind.

Atmen Sie dreimal tief ein und aus, um im Moment anzukommen.

Dann richten Sie Ihre Aufmerksamkeit ganz auf Ihre Atmung. Gegebenenfalls zählen Sie Ihre Atemzüge (beim Ausatmen von 1 bis 10 zählen, beim Einatmen wird nicht gezählt). Einatmen – ausatmen (1), einatmen – ausatmen (2), einatmen – ausatmen (3), und so weiter.

Besonders anfangs kann es vorkommen, dass die Gedanken abschweifen. Die Gedanken bestenfalls loslassen und vorbeiziehen lassen. Richten Sie den Fokus wieder auf Ihrer Atmung oder drücken Sie die Daumen sanft gegeneinander, um wieder fokussiert zu sein.

Zum Abschluss der Meditation gerne noch dreimal tief ein- und ausatmen und die Arme nach oben strecken und räkeln, um im Hier und Jetzt anzukommen.

ACHTSAMKEITSÜBUNGEN

Vorab ist es natürlich erst einmal gut, zu wissen, was Achtsamkeit eigentlich bedeutet. Damit ist gemeint, Dinge bewusst wahrzunehmen, ohne ihnen eine Bedeutung zu geben. Das heißt zum Beispiel, ich sehe eine Blume und betrachte diese, ohne sie zu bewerten (schön, hässlich etc.). Ja, das mag für den Anfang mehr als kompliziert erscheinen, doch es ist mit etwas Übung machbar – vielleicht nicht in jeder Situation, dennoch schulen wir unseren Geist dafür, offen zu sein.

Man kann mit kleinen Aufgaben beginnen und diese dann steigern und so mehr Achtsamkeit in den Alltag bringen. Hier meine Lieblingsübungen:

<u>Tee/Kaffee trinken</u>

Mein erster Kaffee am Morgen ist mir „heilig", denn er führt mich in den Tag und hilft mir, mich schon früh zu fokussieren. Ich trinke meinen Kaffee am liebsten im Freien, also auf dem Balkon, bei Vogelgezwitscher. Dann setze ich mich mit meiner Tasse in der Hand hin und beginne, nur wahrzunehmen. Ich fühle die Wärme, die aus meinem Becher aufsteigt und vielleicht meine Hände wärmt, den Geruch, den Geschmack und kann so schon für mich ein paar Minuten der Stille erfahren, ohne dass ich mich groß dafür anstrengen muss und sodass es prima in meinen Alltag passt.

<u>Bewusst essen</u>

Ich versuche, jeden Bissen zu genießen, die Komponenten herauszuschmecken, langsam zu essen und mehrfach zu kauen. Man könnte auch mit einer kleinen Gabel von einem kleinen Teller essen, um bewusster zu konsumieren. Der positive Nebeneffekt dabei ist, dass wir weniger Essen brauchen, da wir nicht durch Heißhunger gesteuert werden, und mehr darauf achten, was wir essen und wie viel wir davon essen. So soll zum Beispiel auch der Stresspegel gesenkt werden, wenn wir aus einem Strohhalm trinken.

Duschen

Mein Abendritual ist es geworden, mir meine Sorgen von meinem Körper zu duschen. Hierzu fühle ich die Wärme des Wassers, wie es über meinen Rücken läuft, ich rieche den Duft meines Duschgels und schäume mich gründlich ein. Dann stelle ich mich unter die Brause und genieße das Gefühl, mich abzuduschen und meine Sorgen abzuspülen, bis sie im Abfluss verschwinden.

Barfuß laufen

Die meisten Menschen lieben es, im Sommer auf Schuhe zu verzichten und barfuß zu gehen. Das Beste dabei ist, auch hier kann man Achtsamkeit praktizieren. Einfach einmal den Untergrund spüren und auf Gras, Sand oder Steinen laufen. Kitzelt es an Ihren Füßen oder fühlt es sich rau an?

Zeit mit Kindern verbringen

Was ich immer wieder faszinierend finde, ist, wie Kinder die Welt betrachten. Da wird nicht einfach spazieren gegangen, sondern jeder Stein wird inspiziert, an jeder Blume wird gerochen und jedes Schneckenhaus wird umgedreht. Es macht so viel Freude, sich wieder bewusst zu machen, wie man als Kind seine Umgebung wahrgenommen hat.

Hinterfragen Sie sich selbst

• Was sind Sie für ein Mensch? (Charakter, Eigenschaften, Werte etc.)

• Welche Art von Mensch möchten Sie sein?

• Was machen Sie gerne? Nach was streben Sie? (Beruf, Lebensaufgabe)

• Was macht Sie richtig glücklich? Was bringt Ihnen wahre Freude?

• An was aus der Vergangenheit halten Sie noch fest?

• Wer sind die wichtigsten Menschen in Ihrem Leben? Und warum?

• Was machen Sie an stressigen Tagen, um runterzukommen?

• Was macht Sie wütend? Oder unterdrücken Sie dieses Gefühl?

• Auf was sind Sie stolz? Was haben Sie erreicht in Ihrem Leben?

• Gibt es etwas, was Sie bereuen? Wenn ja, was ist es?

• Was war Ihre schwerste Entscheidung in Ihrem Leben und warum?

• Was macht Sie traurig?

• Wie stellen Sie sich Ihr Leben vor? (Beruf, Partner, Umfeld)

• Was ist aktuell Ihr größtes Problem?

• Was können Sie dagegen unternehmen? Was könnte Ihnen helfen?

• Was bedeutet Leid für Sie?

• Wie gehen Sie mit Sorgen um?

• Wie betrachten Sie die Welt? Sehen Sie das Gute oder das Negative?

• Sind Sie Optimist, Realist oder Pessimist?

• Was ist Ihr größtes Ziel? Was treibt Sie an?

WIE BRINGE ICH ZEN IN MEINEN ALLTAG? (MEIN 10-WOCHEN-PLAN)

Woche 1

Achtsamkeit	Meditation	Bewusstseinsfragen
Morgenroutine (Kaffee/Tee trinken)	5 Minuten praktiziert	Welche Intention haben Sie für den heutigen Tag?
Freundlicher Umgang mit anderen Menschen?	10 Minuten praktiziert	Wofür sind Sie heute dankbar?
Auszeiten in den Alltag eingebaut?	15 Minuten praktiziert	Was könnte besser laufen?
Bewusstes Duschen	20 Minuten praktiziert	Konnten Sie Ihre Meditationspraxis umsetzen?

Positive Einstellung zum Tag empfunden?	Länger als 20 Minuten praktiziert	Was war Ihr Highlight des Tages?

Fragen der Woche: Was sind Ihre Ess- und Trinkgewohnheiten? Essen Sie schnell oder langsam? Bewusst oder nebenher? Achten Sie darauf, was Sie essen, ob es gesund ist oder gut verträglich?

Woche 2

Achtsamkeit	Meditation	Bewusstseinsfragen
Morgenroutine (Kaffee/Tee trinken)	5 Minuten praktiziert	Welche Intention haben Sie für den heutigen Tag?
Freundlicher Umgang mit anderen	10 Minuten praktiziert	Wofür sind Sie heute dankbar?

Men-schen?		
Auszeiten in den All-tag einge-baut?	15 Minu-ten prakti-ziert	Was könnte besser laufen?
Bewusstes Duschen	20 Minu-ten prakti-ziert	Konnten Sie Ihre Me-ditationspraxis um-setzen?
Positive Einstel-lung zum Tag emp-funden?	Länger als 20 Minu-ten prakti-ziert	Was war Ihr High-light des Tages?

Fragen der Woche: Was beschäftigt Sie im Au-genblick? Was ist Ihre größte Sorge? Was macht Ihnen Angst?

Woche 3

Achtsamkeit	Meditation	Bewusstseinsfragen
Morgenroutine (Kaffee/Tee trinken)	5 Minuten praktiziert	Welche Intention haben Sie für den heutigen Tag?
Freundlicher Umgang mit anderen Menschen?	10 Minuten praktiziert	Wofür sind Sie heute dankbar?
Auszeiten in den Alltag eingebaut?	15 Minuten praktiziert	Was könnte besser laufen?
Bewusstes Duschen	20 Minuten praktiziert	Konnten Sie Ihre Meditationspraxis umsetzen?
Positive Einstellung zum Tag empfunden?	Länger als 20 Minuten praktiziert	Was war Ihr Highlight des Tages?

Fragen der Woche: Was ist Ihnen wirklich wichtig? Wofür stehen Sie morgens auf? Was begeistert Sie?

Woche 4

Achtsamkeit	Meditation	Bewusstseinsfragen
Morgenroutine (Kaffee/Tee trinken)	5 Minuten praktiziert	Welche Intention haben Sie für den heutigen Tag?
Freundlicher Umgang mit anderen Menschen?	10 Minuten praktiziert	Wofür sind Sie heute dankbar?
Auszeiten in den Alltag eingebaut?	15 Minuten praktiziert	Was könnte besser laufen?
Bewusstes Duschen	20 Minuten praktiziert	Konnten Sie Ihre Meditationspraxis umsetzen?

Positive Einstellung zum Tag empfunden?	Länger als 20 Minuten praktiziert	Was war Ihr Highlight des Tages?

Fragen der Woche: Welche Gefühle, welche Gedanken kommen immer wieder hoch? Was glauben Sie, warum das so ist? Wie können Sie diese am besten ziehen lassen?

Woche 5

Achtsamkeit	Meditation	Bewusstseinsfragen
Morgenroutine (Kaffee/Tee trinken)	5 Minuten praktiziert	Welche Intention haben Sie für den heutigen Tag?
Freundlicher Umgang mit anderen	10 Minuten praktiziert	Wofür sind Sie heute dankbar?

Men-schen?		
Auszeiten in den Alltag eingebaut?	15 Minuten praktiziert	Was könnte besser laufen?
Bewusstes Duschen	20 Minuten praktiziert	Konnten Sie Ihre Meditationspraxis umsetzen?
Positive Einstellung zum Tag empfunden?	Länger als 20 Minuten praktiziert	Was war Ihr Highlight des Tages?

Fragen der Woche: Welcher Mensch möchten Sie sein? Welche Charaktereigenschaften möchten Sie haben? Wen bewundern Sie und warum?

Woche 6

Achtsamkeit	Meditation	Bewusstseinsfragen
Morgenroutine (Kaffee/Tee trinken)	5 Minuten praktiziert	Welche Intention haben Sie für den heutigen Tag?
Freundlicher Umgang mit anderen Menschen?	10 Minuten praktiziert	Wofür sind Sie heute dankbar?
Auszeiten in den Alltag eingebaut?	15 Minuten praktiziert	Was könnte besser laufen?
Bewusstes Duschen	20 Minuten praktiziert	Konnten Sie Ihre Meditationspraxis umsetzen?
Positive Einstellung zum	Länger als 20	Was war Ihr Highlight des Tages?

Tag empfunden?	Minuten praktiziert	

Frage der Woche: Was möchten Sie in Ihrem Leben verändern? (kleine und große Veränderungen)

Woche 7

Achtsamkeit	Meditation	Bewusstseinsfragen
Morgenroutine (Kaffee/Tee trinken)	5 Minuten praktiziert	Welche Intention haben Sie für den heutigen Tag?
Freundlicher Umgang mit anderen Menschen?	10 Minuten praktiziert	Wofür sind Sie heute dankbar?
Auszeiten in den Alltag eingebaut?	15 Minuten praktiziert	Was könnte besser laufen?

Bewusstes Duschen	20 Minuten praktiziert	Konnten Sie Ihre Meditationspraxis umsetzen?
Positive Einstellung zum Tag empfunden?	Länger als 20 Minuten praktiziert	Was war Ihr Highlight des Tages?

Fragen der Woche: Wie sprechen Sie mit sich selbst? Sehen Sie sich als gute Freundin? Sind Sie gut zu sich selbst?

Woche 8

Achtsamkeit	Meditation	Bewusstseinsfragen
Morgenroutine (Kaffee/Tee trinken)	5 Minuten praktiziert	Welche Intention haben Sie für den heutigen Tag?
Freundlicher Umgang mit	10 Minuten praktiziert	Wofür sind Sie heute dankbar?

anderen Menschen?		
Auszeiten in den Alltag eingebaut?	15 Minuten praktiziert	Was könnte besser laufen?
Bewusstes Duschen	20 Minuten praktiziert	Konnten Sie Ihre Meditationspraxis umsetzen?
Positive Einstellung zum Tag empfunden?	Länger als 20 Minuten praktiziert	Was war Ihr Highlight des Tages?

Fragen der Woche: Wie sprechen Sie mit anderen Menschen? Können Sie auf Menschen zugehen? Können Sie sich auf andere Menschen einlassen? Ist Ihnen Kontakt zu anderen wichtig oder sind Sie lieber für sich?

Woche 9

Achtsamkeit	Meditation	Bewusstseinsfragen
Morgenroutine (Kaffee/Tee trinken)	5 Minuten praktiziert	Welche Intention haben Sie für den heutigen Tag?
Freundlicher Umgang mit anderen Menschen?	10 Minuten praktiziert	Wofür sind Sie heute dankbar?
Auszeiten in den Alltag eingebaut?	15 Minuten praktiziert	Was könnte besser laufen?
Bewusstes Duschen	20 Minuten praktiziert	Konnten Sie Ihre Meditationspraxis umsetzen?
Positive Einstellung zum	Länger als 20 Minuten	Was war Ihr Highlight des Tages?

Tag empfunden?	praktiziert	

Fragen der Woche: Wem haben Sie zuletzt geholfen und aus welchem Grund? Wann haben Sie sich zuletzt etwas Gutes getan?

Woche 10

Achtsamkeit	Meditation	Bewusstseinsfragen
Morgenroutine (Kaffee/Tee trinken)	5 Minuten praktiziert	Welche Intention haben Sie für den heutigen Tag?
Freundlicher Umgang mit anderen Menschen?	10 Minuten praktiziert	Wofür sind Sie heute dankbar?
Auszeiten in den	15 Minuten praktiziert	Was könnte besser laufen?

Alltag ein-gebaut?		
Bewusstes Duschen	20 Minuten praktiziert	Konnten Sie Ihre Meditationspraxis umsetzen?
Positive Einstellung zum Tag empfunden?	Länger als 20 Minuten praktiziert	Was war Ihr Highlight des Tages?

Fragen der Woche: Was hat sich in den letzten zehn Wochen in Ihrem Leben verändert? Was konnten Sie selbst bewirken? Wie fühlen Sie sich heute?

Fakten

Die regelmäßige Zen-Meditations-Praxis kann sich positiv auf Ihre physische und mentale Gesundheit auswirken.

Laut einer Studie aus dem Jahr 2008 ist es möglich, dass die Zen-Meditation uns dabei hilft, unser Gehirn von Ablenkungen zu befreien. Dadurch könnten Konzentrationsprobleme, Hyperaktivität, Angststörungen und sogar Depressionen vorgebeugt oder gelindert werden.

Einer weiteren Studie aus dem Jahr 2020 zufolge kann kontinuierliche Zen-Meditation unterstützend wirken, unsere Emotionen besser zu regulieren und zu kontrollieren. Ein weiterer

Anhaltspunkt diesbezüglich ist, dass wir nach einer Zazen konzentrierter und aufmerksamer sind.

Ein Artikel des Journal of Alternative an Complementary Medicine bestätigte durch mehrere Studien, dass jahrelanges Meditieren Gehirnareale fördert, welche für unsere Entspannung sorgen. Somit ist bewiesen, dass regelmäßige Zen-Meditation Stress abbaut, uns unterstützt, den Blutdruck senkt und kognitivem Verfall im Alter vorbeugt.

Nun sind Sie bereit und haben es selbst in der Hand, ein glückliches und erfüllendes Leben zu führen. Sie haben einiges gelernt und sind nun bereit, Ihr Wissen in die Tat umzusetzen.

Was Sie bereits gelernt haben:

• Wie Sie „Die 4 Edlen Wahrheiten" in Ihr Leben integrieren

• Wie Sie Ihre Ängste auflösen

• Wie Sie die Zen-Meditation durchführen

• Wie Sie Routinen entwickeln können

• Wie Sie Achtsamkeit in Ihr Leben holen können

• Wie Sie Dankbarkeit praktizieren

• Wie Sie Ihre Gedanken und Gefühle loslassen können, ohne diese zu bewerten

• Wie Sie Ihren Geist beruhigen

• Wie Sie sich auf den „Mittleren Weg" begeben

• Wie Sie ein erfüllendes, glückliches und zufriedenes Leben führen können

Ich danke Ihnen für Ihren Mut und Ihre Bereitschaft, Ihr Leben wieder selbst in die Hand zu nehmen und sich Ihren Ängsten zu stellen. Und vor allem danke ich Ihnen für Ihr Vertrauen in mich und meine Worte. Danke!

Herstellung und Verlag:

BoD – Books on Demand, Norderstedt

ISBN: 9783758316463

© SHERAB CHOJE 2023

1. Auflage

Kontakt: Psiana eCom UG/ Berumer Str. 44/ 26844 Jemgum

Covergestaltung: Fenna Larsson

Coverfoto: depositphotos.com